EVERNOTE
JOURNAL

SPEEDY
PUBLISHING

DATE: _____

DATE: _____

DATE: _____

DATE: _____

DATE: _____

DATE: _____

DATE: _____

DATE: _____

DATE: _____

DATE: _____

DATE: _____

DATE: _____

DATE: _____

DATE: _____

DATE: _____

DATE: _____

DATE: _____

DATE: _____

DATE: _____

DATE: _____

DATE: _____

DATE: _____

DATE: _____

DATE: _____

EVERNOTE
JOURNAL

SPEEDY
PUBLISHING